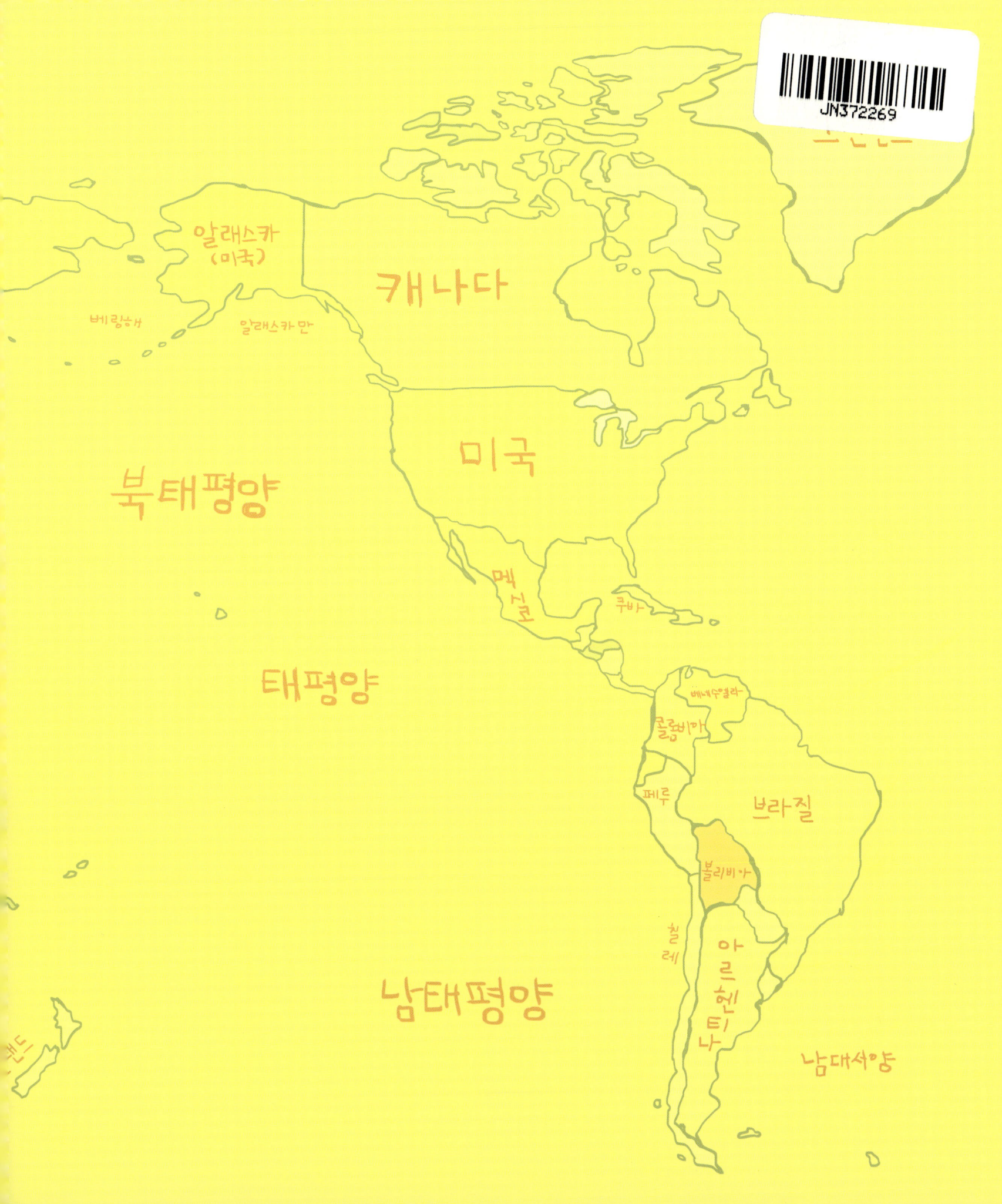

세계 친구들을 만나는 세계 지도 이불

글 정은주

대학에서 문예창작을 공부하고, 아이들을 가르친 적이 있습니다. 지은 책으로는 『신통방통 수원 화성』, 『손으로 그려 봐야 우리 땅을 잘 알지(공저)』, 『손으로 그려 봐야 세계 지리를 잘 알지(공저)』, 『탈것들을 찾아 떠나는 세계 지도 여행』, 『80일간의 세계일주 동화-유럽편』, 『신통방통 김치』들이 있습니다.

그림 이은지

그림책 작가이자 일러스트레이터입니다. 영국 문학 에이전시 DKW 소속 작가이며 영국 첼트넘 일러스트레이션 공모전에 당선되었습니다. 쓰고 그린 책으로는 『우주에서 온 초대장』, 그린 책으로는 『로봇이 왔다』, 『세상에서 가장 잘 웃는 용』, 『새들의 눈에는 유리창이 보이지 않아요!』가 있습니다.

www.jaypicturebook.com

똑똑한 책꽂이 05

세계 친구들을 만나는 세계 지도 이불

1판 3쇄 발행 2022년 09월 15일 | 1판 1쇄 발행 2017년 08월 10일
글 정은주 | **그림** 이은지
펴낸이 김상일 | **펴낸곳** 도서출판 키다리
출판등록 2004년 11월 3일 제406-2010-000095호
제조국 대한민국 | **사용연령** 8세 이상
주소 경기도 파주시 심학산로 10
전화 031-955-9860(대표), 031-955-9861(편집) | **팩스** 031-624-1601
이메일 kidaribook@naver.com | **블로그** blog.naver.com/kidaribook
ISBN 979-11-5785-176-8 (77980)

- 이 책의 출판권은 키다리 출판사에 있습니다.
- 저작권법에 의해 한국 내에서 보호를 받는 저작물이므로 무단전재와 무단복제를 금합니다.
- 이 도서의 국립중앙도서관 출판시도서목록(CIP)은 서지정보유통지원시스템 홈페이지(http://seoji.nl.go.kr)와 국가자료공동목록시스템(http://www.nl.go.kr/kolisnet)에서 이용하실 수 있습니다.(CIP제어번호: CIP2017018362)
- 잘못된 책은 구매하신 곳에서 교환할 수 있습니다.

세계 친구들을 만나는 세계 지도 이불

키다리

이건 내 이불이에요.
내가 아기 때 엄마가 만들었대요.
어때요? 정말 예쁘죠?
이 이불을 안고 있으면 내가 아기였을 때 냄새가 나요.

지금 엄마 배 속에는 내 동생이 있어요.
동생이 태어나면 이불이 필요하겠지요?
그래서 나는 엄마에게 동생 이불을 만들자고 졸랐어요.

"동생 이불을 만들자고? 좋아!"
나는 정말 기뻐서 손뼉을 쳤어요.
"예쁜 퀼트 이불을 만들어 보자.
 음… 어떤 무늬가 좋을까?"
엄마가 고개를 갸웃거렸어요.
나와 오빠도 고개를 갸우뚱거렸어요.

그때 오빠가 벽에 붙어있는 세계 지도를 손가락으로 가리켰어요.
며칠 전에 아빠가 붙인 세계 지도를요.
"엄마, 이거 어때요?"
"와, 멋진 생각인데!"
엄마의 눈이 휘둥그레졌어요. 세계 지도 무늬라니,
오빠도 가끔은 멋진 생각을 할 때가 있나 봐요.

엄마는 세계 지도에서 가장 가운데 있는 선을 손가락으로 따라 그었어요.
"이 선은 적도라고 해. 지구의 반을 나누는 중심선이지."
"엄마, 적도 위아래도 선이 많아요."
"그 선들의 이름은 위선이야. 적도를 중심으로 북쪽에 있는 위선을 북위, 남쪽에 있는 위선을 남위라고 한단다."
"선 옆에 숫자는 왜 있는 거예요?"
이번에는 오빠가 물었어요.
"그건 적도와 위선의 값이야. 기준이 되는 적도는 0으로 하고 위아래로 위선의 값을 정했지."

"엄마, 세로선도 있어요."
나는 위아래로 그어진 세로선도 궁금했어요.
"세로선의 이름은 경선이야.
여기 굵은 세로선이 보이지?
경선의 중심선을 본초 자오선이라고 해.
본초 자오선을 중심으로 동쪽에 있는 경선을 동경,
서쪽에 있는 경선을 서경이라고 해."
"그럼, 이 숫자는 경선의 값이에요?"
오빠는 경선 위에 있는 숫자를 콕 짚었어요.
"그렇지."
엄마는 고개를 끄덕였어요.

"사람들은 본초 자오선을 세계의 표준시인 0시로 정하고 동쪽으로 15도씩 갈 때마다 1시간씩 늘어나고, 서쪽으로 15도씩 갈 때마다 1시간씩 줄어드는 것으로 약속했어. 가온아, 가림아, 이제 세계 지도에 있는 선들을 알겠니?"
"네!"
오빠와 나는 마주보며 똑같이 소리쳤어요

다음 날, 학교가 끝나고 집에 온 우리는
가방을 후다닥 내려놓고 얼음물을 벌컥벌컥 마셨어요.
머리부터 발끝까지 시원했어요.

거실에 옷들이 널려 있었어요.
자세히 보니 내가 유치원 때 입었던 원피스,
할머니가 오빠 생일 선물로 사 주셨던 초록색 점퍼,
아빠의 체크무늬 셔츠, 엄마의 노란 앞치마 등이 있었어요.

"가림아, 여기 있는 헌 옷을 재활용해서 동생 이불을 만들 거야."
"힝, 동생 이불인데 예쁜 새 천으로 만들면 안 돼요?"
나는 입술을 삐죽거렸어요.
"너희들 이불도 이렇게 자투리 천으로 만들었어.
가족들이 입었던 옷으로 이불을 만들면
동생에게 더 좋은 선물이 되지 않을까?"
엄마는 나를 보며 씽긋 웃었어요.
곰곰이 생각해 보니 엄마 말이 맞는 것 같았어요.

엄마는 자투리 천 위에 그림을 그렸어요.
오빠와 나는 그림이 그려진 천을 가위로 싹둑싹둑 잘랐어요.
천을 오리는 건 무척 어려웠어요.
엄마는 오린 천을 큰 천 위에 놓고 한 땀 한 땀 정성스럽게 바느질했어요.

"우아, 너희들이 동생 이불을 만든단 말이지?"
어느 틈에 아빠가 내 옆에 앉았어요.
"네. 엄마가 그러는데 이렇게 작은 천들이 모여 큰 이불을 만들 수 있대요."
"그렇구나. 멋진 이불이 만들어지겠는걸."
아빠는 이불 만드는 것을 구경했어요.

가위질을 하던 오빠는 가위를 슬그머니 내려놓고는 도망가려고 했어요.
아빠는 오빠를 보고 웃었어요.
"아빠가 세계 여러 곳에 사는 특별한 친구들에 대해 이야기해 줄까?"
"특별한 친구들이라고요?"
"어디 사는데요?"
내 눈이 반짝, 오빠의 눈이 번쩍였어요.

"나라와 나라 사이에는 국경선이 있단다.
하지만 국경선이 생기기 전부터 자신들의
고유한 문화와 전통을 지키며 살고 있는 부족들이
세계 곳곳에 아주 많지."

"이곳은 아시아 대륙이야.
세계에서 가장 땅이 넓고 가장 많은 사람들이 사는 대륙이지.
아시아에 있는 몽골 서쪽에는 카자흐족 사람들이 사는데,
멋진 독수리 사냥꾼이 되고 싶어 하는 카자흐족 아이들이 있단다."
"독수리라면, 엄청 큰 날개를 가진 하늘의 제왕인 새 말이죠?"
오빠가 두 팔을 크게 벌렸어요.

몽골 서쪽 끝 바양을기 아이막에 카자흐족이 살아요.

아시아의 위치

"맞아. 카자흐족 사람들은 겨울이 오기 전에 독수리를 이용해서
여우나 토끼를 잡는단다.
사냥꾼이 독수리를 하늘로 풀어 주면 독수리는 쏜살같이 땅에 내려가
먹이를 낚아채지. 아이들은 어려서부터 할아버지나 아빠에게
독수리 다루는 법을 배운단다."
　　　"와, 신나겠다!"
　　　　　오빠가 말했어요.

"넓은 초원에 사는 카자흐족 아이들은 말타기도 배워.
그러면 독수리 사냥도 하고 가축도 쉽게 돌볼 수 있거든."
그런데 아까부터 엉덩이를 들썩거리던 오빠가 벌떡 일어섰어요.
오빠는 말 타는 흉내를 내며 거실을 빙글빙글 돌았어요.
히이잉-, 히이잉-, 말 울음소리를 내면서요.
어이구, 못 말리는 우리 오빠.
오빠는 엉덩이를 흔들며 거실을 지나 화장실을 지나 안방까지 신나게 달렸어요.

아빠가 꽃무늬 천을 손으로 들었어요.
"이곳은 유럽 대륙이야. 대륙 중 크지는 않지만
많은 나라들이 오밀조밀 이웃하고 있지.
라플란드라는 땅에는 순록과 생활하는 라프족 아이들이 있단다."
"아빠, 순록이 뭔지 알아요. 산타 할아버지의 썰매를 끌어 주는 동물이잖아요."
오빠가 큰 소리로 말했어요.
"그래. 순록은 라프족에게 꼭 필요하단다.
특히 눈 쌓인 길을 이동할 때 순록을 타지."

라플란드는 노르웨이, 스웨덴, 핀란드에 걸쳐 있어요.

노르웨이 / 스웨덴 / 핀란드 / 러시아 / 에스토니아 / 라트비아 / 리투아니아 / 아일랜드 / 영국 / 덴마크 / 네덜란드 / 벨기에 / 독일 / 폴란드 / 벨라루스 / 프랑스 / 체코 / 슬로바키아 / 우크라이나 / 스위스 / 오스트리아 / 헝가리 / 몰도바 / 슬로베니아 / 크로아티아 / 보스니아 헤르체고비나 / 세르비아 / 루마니아 / 몬테네그로 / 알바니아 / 마케도니아 / 불가리아 / 그리스 / 이탈리아 / 터키 / 스페인 / 포르투갈

유럽의 위치

나는 창밖으로 햇볕이 쨍쨍 비치는 하늘을 바라보았어요.
'이렇게 더운 날, 눈이 내리면 얼마나 좋을까?' 생각했어요.
그때 아빠가 손나팔을 하고는 '호잇!' 하고 크게 외쳤어요.
나는 눈을 동그랗게 뜨고 아빠를 보았어요.

"라프족 아이들은 '호잇!'을 외치며
추위도 아랑곳하지 않고 눈 쌓인 벌판을 마음껏 달린단다."
아빠 말을 듣고 있던 오빠는 '호잇!' 하고 크게 외쳤어요.
물론 나도 따라 소리쳤고요.

어, 웬일이죠?
우리 집에 흰 눈이 펑펑 내리는 것 같았어요.

이번에는 오빠가 초록색 천을 가리켰어요.
"앗, 이건 내가 입던 점퍼다!"
"가온이는 이곳이 어느 대륙인지 아니? 세계에서 가장 큰 사막인 사하라 사막과 넓은 초원과 밀림, 수많은 동물들이 사는 곳인데."
"아, 알아요. 아프리카요."
나는 두 손을 번쩍 들고 외쳤어요.
그리고 오빠에게 혀를 날름 내밀었어요.
"맞아. 이번에는 용맹스런 마사이족에 대해 이야기해 줄게."

"마사이족 아이들은 가축과 함께 자라고, 가축을 지키지.
아빠가 마사이족이 추는 아두무 춤을 가르쳐 줄까?"
앉아 있던 아빠가 우뚝 일어섰어요.
오빠와 나도 따라서 일어섰지요.
"두 발을 들어 하늘을 향해 껑충껑충 높이 뛰는 거야. 이렇게!"
아빠는 제자리에서 높이 뛰었어요.
아빠의 머리가 천장에 닿을 것 같았어요.

"보세요. 난 더 높이 뛸 수 있어요."
오빠는 두 손을 번쩍 들고 개구리처럼 폴짝 뛰었어요.

"아빠, 또 이야기해 주세요."
나는 아빠 옆에 찰싹 달라붙었어요.
"좋아! 애들아, 캥거루와 코알라, 키위새가 사는 곳이 어딘지 아니?"
"어… 거기가 어디더라?"
오빠가 고개를 오른쪽 왼쪽으로 갸우뚱했어요.
"오세아니아야. 아시아 아래쪽 여러 섬들이 모여 있는 곳이야. 오스트레일리아는 세계에서 가장 큰 섬이면서 하나의 대륙이기도 하단다."
"아, 맞아요! 책에서 본 적이 있어요."

"뉴질랜드의 로토루아에는 원주민인 마오리족이 살고 있어."

로토루아
뉴질랜드

"마오리족은 하카라는 전통 춤으로 상대방에게 자신의 용감함을 표현한단다."

"아빠, 하카도 가르쳐 주세요."

"그럴까?"

아빠는 눈을 크게 부릅뜨고 혀를 쭉 내밀고 신나게 발을 굴렀어요.

나와 오빠는 아빠를 똑같이 따라했고요.

"나는 용사! 세상에서 가장 용감한 용사!"
아빠는 하카를 추며 큰 소리로 말했어요.

"아빠, 여기는 어디예요?"
나는 물방울 무늬의 천을 손가락으로 짚었어요.
"세계에서 가장 긴 강인 아마존강이 있는 남아메리카 대륙이지.
아마존강 주위에는 수많은 부족들이 살고 있는데
강의 북쪽에는 자연에서 모든 것을 얻으며 살고 있는
원시 부족인 조에족이 있단다."

아마존강 북쪽에 조에족이 살아요.

남아메리카의 위치

"활과 화살을 만들어 사냥을 하는 조에족은 옷을 입지 않고 신발도 신지 않지."
"신발을 신지 않는다고요? 그러면 발바닥이 엄청 아프겠어요."
오빠는 얼굴을 잔뜩 찡그렸어요.
"그렇지 않아. 어려서부터 단련이 되어서 오히려 신발을 신으면 발이 약해진다고 해."

발바닥이 아프지 않을까?

"조에족 아이들은 강에서 물놀이하는 것을 아주 좋아해.
아마존의 무더위를 이겨 내는데 최고거든."
"나도 물놀이하고 싶다."
나는 어깨를 축 늘어뜨리며 말했어요.
"하면 되지. 이렇게 말이야."
오빠는 일어서서 신나게 팔을 휘저으며 '어푸, 어푸' 소리를 냈어요.
나는 오빠를 졸졸 따라다니며 수영하는 흉내를 냈어요.

"어, 이건 내 바지인데."
"아니야. 이건 내 바지였어."
오빠와 나는 둘 다 빨간 천을 손으로 가리켰어요.
"가온이가 입은 다음에 가림이에게 물려준 바지란다."
엄마는 우리를 보며 호호 웃었어요.

이거 내 바지로 만든 거야.

그린란드
미국
캐나다

많은 인디언들이 유타주, 애리조나주, 뉴 멕시코주 인디언 보호구역에 살아요.

미국
멕시코

북아메리카의 위치

"여기는 북아메리카란다. 이곳에 살았던 원주민을 인디언이라고 해.
인디언들은 이름을 지을 때 아이의 특징을 살려서 지었단다.
앉아 있는 모습이 황소를 닮은 아이는 '앉아 있는 황소'라 부르고
달리는 모습이 여우와 비슷한 아이는 '달리는 여우'라고 불렀지."
그때 손가락을 넣어 콧구멍을 후비고 있던 오빠가 나를 보았어요.
"가림이는 얄미운 고양이! 눈이 얄미운 고양이처럼 생겼으니까."
오빠는 나를 보고 두 손으로 눈꼬리를 치켜 올렸어요.
"뭐라고? 그럼, 오빠는 못생긴 청개구리야."
나는 오빠를 보고 씩씩거렸어요.

"지금도 많은 인디언들이 인디언보호구역에서 옛 전통을 지키며 살고 있단다."
"아빠, 인디언 춤이 뭔지 알아요. 춤은 제가 가르쳐 줄게요."
나는 일어서서 손바닥으로 입을 두드리며 힘차게 발을 굴렀어요.
오빠와 아빠는 나를 따라 인디언 춤을 추었어요.
우리를 보세요. 정말 인디언 같지요?

여름 방학이 끝날 무렵
동생의 이불이 다 만들어졌어요.
우리 가족은 박수를 쳤어요.

학교가 끝나고 집에 오니
거실에 동생의 세계 지도 이불이 펼쳐져 있었어요.
오빠와 나는 이불 속으로 쏙 들어갔어요.

그런데 이불 속에서 깜짝 놀랄 일이 생겼어요.
세계의 특별한 친구들이
오빠와 나를 보며 웃고 있는 거예요.
우리들은 서로서로 어깨동무를 했어요.
춤도 추고 노래도 불렀어요.

엄마가 나와 오빠를 부르는 소리가 들렸어요.
"너희들 뭐하니?"
엄마가 이불을 들추자 친구들은 감쪽같이 사라졌어요.

어느 날 밤에 엄마는 배가 많이 아프다고 했어요.
엄마는 무척 힘들어 보였어요.
아빠는 엄마를 차에 조심조심 태우고, 병원으로 쌩하니 달려갔어요.
그날 밤은 집에 오빠와 나만 덩그러니 남았어요.

얼마 후 엄마는 동생과 함께 병원에서 돌아왔어요.
엄마는 아기 동생을 안고 있어요.
동생은 두 손을 꼭 쥐고 있고요.
오빠와 나는 손가락으로 동생과 악수를 했어요.
"만나서 정말 반가워."
동생은 내 손가락을 꼭 쥐었어요.

지금 이불 위에는 동생이 자고 있어요.
우리들은 동생을 보고 있고요.
"쉿, 모두 조용!"
동생을 깨우면 안 돼요.

세계 지도를 더 알아보아요

세계 지도를 보면 나라마다 다른 표준시를 사용해요. 동서로 땅이 넓은 러시아, 캐나다, 미국 같은 나라에서는 여러 개의 표준시를 사용하지요. 하지만 중국은 베이징을 지나는 하나의 경선만을 표준시로 사용한답니다.

날짜 변경선은 뭘까요?

동경 180°와 서경 180°가 만나는 곳에 사람들이 만든 선이예요. 본초 자오선 반대편에 있지요. 이 선을 기준으로 서쪽에서 동쪽으로 가면 하루를 더하고 동쪽에서 서쪽으로 가면 하루를 빼요. 날짜 변경선이 삐뚤빼뚤한 이유는 사람들이 살고 있는 땅을 피해서 그렸기 때문이에요. 같은 땅에서 날짜가 다르면 안되니까요.

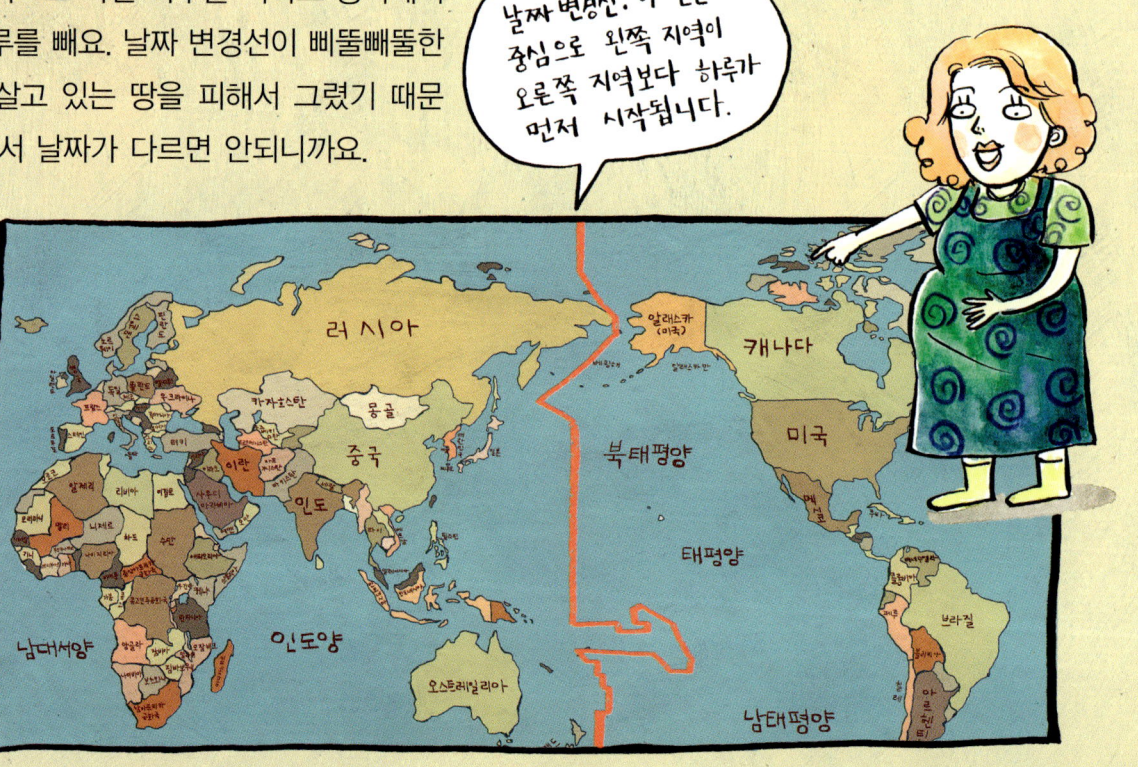

세계의 부족 친구들에 대해 더 알아보아요

소수민족이란 무엇일까요?

한 지역에서 오랫동안 생활해 온 사람들을 민족이라고 해요. 민족 중에서 인구 숫자가 적은 민족을 소수민족이라고 한답니다. 전 세계에는 5000개가 넘는 소수민족이 살고 있어요.

인종이란 무엇일까요?

인종은 피부색, 눈의 색깔 등 신체적 특징에 따라 나눌 수 있어요. 보통 흑인, 황인, 백인으로 나눈답니다. 오래 전, 흑인은 아프리카에 황인은 아시아에 백인은 유럽에 주로 살았지요.

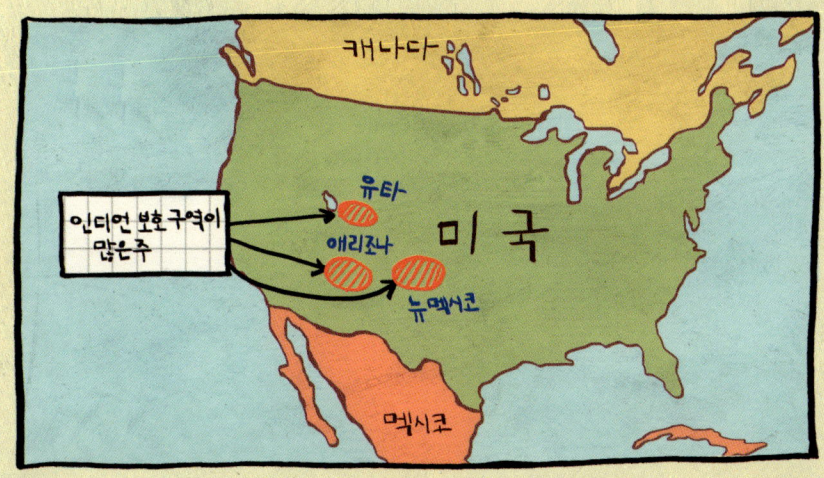

인디언에 대해 더 알아보아요

옛날, 유럽의 개척자들은 북아메리카에 처음 발을 딛었을 때 인도에 도착했다고 믿었어요. 그래서 원주민을 인디언이라고 불렀어요. 하지만 인디언보다 미국 원주민이라고 부르는 게 정확해요. 현재 미국에는 원주민이 모여 사는 수백 개의 보호구역이 있어요.

세계 지도에 있는 선을 그려요

여러분도 세계 지도를 쉽게 만들 수 있어요.
적도, 위선, 본초 자오선, 경선을 각각 그리고 좋아하는 나라를 표시하면
나만의 세계 지도를 만들 수 있어요.

1. 종이, 연필, 자를 준비하세요.

2. 종이 가운데에 가로선을 그어 보세요.

3. 적도 위, 아래로 간격이 똑같은 선을 두 줄씩 그어 보세요.

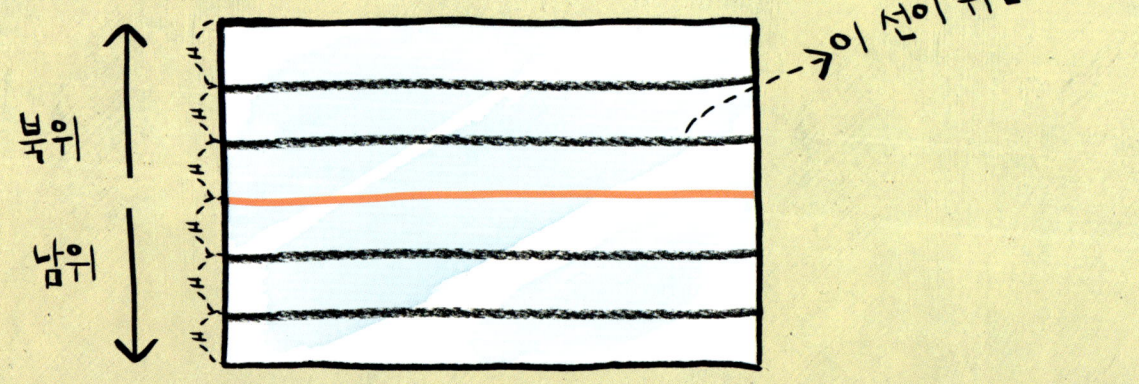

4. 종이 가운데에 세로선을 그어 보세요.

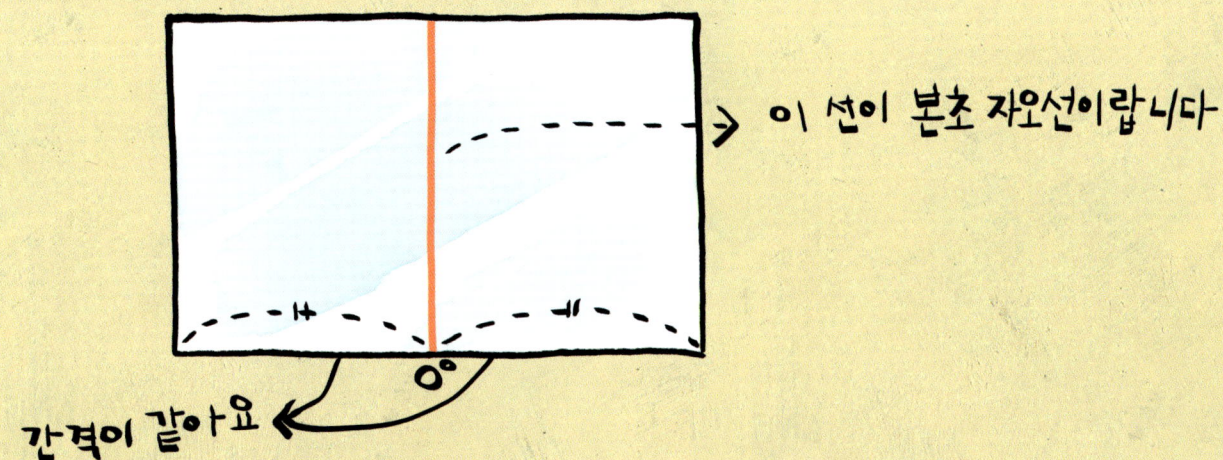

5. 본초 자오선 왼쪽과 오른쪽에 선들을 그어 보세요.

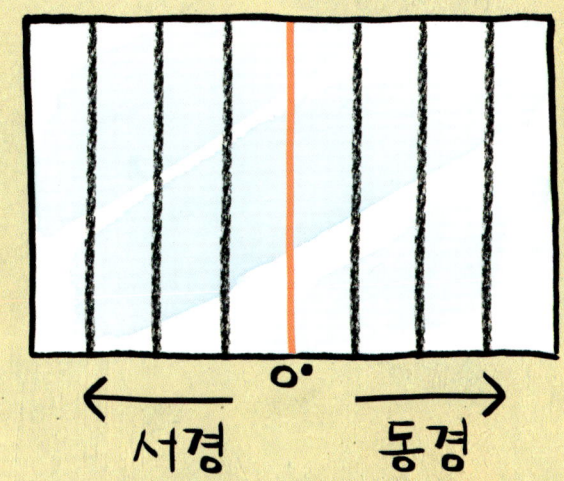

6. 위선과 경선이 그려진 세계 지도가 완성 됐어요.
   이제 좋아하는 나라들을 표시해 보세요.

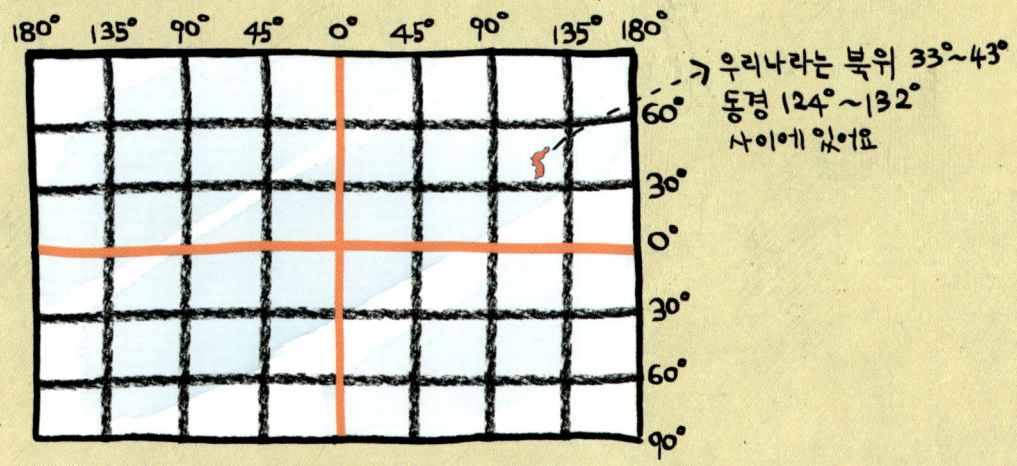